Todo lo que necesitas saber sobre

El matrimonio adolescente

Eleanor H. Ayer

Traducción al español
Mauricio Velázquez de León

The Rosen Publishing Group's
Editorial Buenas Letras™
New York

Published in 1990, 1997, 2003 by The Rosen Publishing Group, Inc.
29 East 21st Street, New York, NY 10010

Copyright © 1990, 1997, 2003 by The Rosen Publishing Group, Inc.

First Edition in Spanish 2003
Revised English Edition 1997

All rights reserved. No part of this book may be reproduced in any form without permission in writing from the publisher, except by a reviewer.

Cataloging Data

Ayer, Eleanor H.
 Todo lo que necesitas saber sobre el matrimonio adolescente / Eleanor H. Ayer ; traducción al español Mauricio Velázquez de León.
  p. cm. — (Todo lo que necesitas saber)
 Includes bibliographical references and index.
 Summary: Examines the choices involved in teenage marriage, as well as the joys, problems, expectations, and implications. Present case studies for and against teen marriage.
 ISBN 978-1-4358-8869-2
 1. Teen Marriage—Juvenile literature. 2. Teen Marriage—Juvenile literature. 3. Spanish Language Materials. [1. Marriage.] I. Title. II. Series.
 155.9'37—dc21

Manufactured in the United States of America

Contenido

	Introducción	6
Capítulo 1	Encontrar a tu media naranja	8
Capítulo 2	Tomar la decisión adecuada	14
Capítulo 3	Requisitos legales	20
Capítulo 4	De qué se trata el matrimonio	24
Capítulo 5	Salud, dinero y amor	30
Capítulo 6	Un bebé trae cambios	34
Capítulo 7	¿Y si tu matrimonio no funciona?	40
Capítulo 8	A favor del matrimonio adolescente	45
Capítulo 9	En contra del matrimonio adolescente	49
Capítulo 10	Tus decisiones y tu futuro	54
	Glosario	59
	Dónde obtener ayuda	61
	Sugerencias de lectura	62
	Índice	63

Introducción

Como adolescente puedes tener muchas razones para comenzar a pensar en el matrimonio. Es completamente natural que comiences a pensar en casarte cuando te encuentras en una relación romántica con alguien que realmente te importa. Disfrutas el tiempo que pasan juntos, y piensas que él o ella podría ser la persona adecuada. Quizás pienses en lo extraordinario que sería vivir juntos y pasar el resto de tu vida a su lado.

Por otra parte, algunas personas pueden comenzar a pensar en el matrimonio cuando un bebé se encuentra en camino. Otras pueden pensar que el matrimonio les solucionará todos sus problemas.

Sin importar cuáles sean tus razones, debes entender que el matrimonio trae consigo muchas responsabilidades. Al igual que otras relaciones, el matrimonio es

Introducción

una asociación de dos personas, y cuando existan diferencias con la otra persona tendrás que llegar a un acuerdo.

Cuando estás casado no puedes simplemente huir de una discusión. Para que tu matrimonio funcione tienes que aprender a llegar a diferentes acuerdos.

En este libro se tratarán los distintos aspectos relacionados con el matrimonio adolescente, desde encontrar a la persona correcta hasta tomar la decisión adecuada.

También revisaremos los aspectos legales que necesitan cumplir los adolescentes antes de contraer matrimonio y veremos diferentes puntos de vista sobre el matrimonio adolescente.

¿Tú qué piensas? ¿Deben las parejas casarse durante la adolescencia o deben esperar un poco antes de contraer matrimonio?

El matrimonio traerá muchos cambios, y tu relación deberá ser suficientemente fuerte como para resistirlos, sean positivos o negativos. Mientras más conozcas sobre lo que involucra un matrimonio, mayores serán tus posibilidades de tener éxito y felicidad con tu pareja.

Capítulo 1
Encontrar a tu media naranja

Comúnmente cometemos el error de tratar de encontrar la pareja perfecta. Pero después de buscar nos damos cuenta de que nadie es perfecto. Todos tenemos defectos y es importante recordarlo cuando buscamos a la persona con la que queremos pasar el resto de nuestras vidas; nuestra "media naranja" también tendrá defectos.

Siempre habrá cosas que no te gusten de tu pareja y lo importante es no permitir que estas diferencias afecten tu relación. Eso implica aceptar y amar a tu pareja sin tratar de cambiar su forma de ser.

Para lograr una relación exitosa, las parejas deben aceptarse y amarse sin tratar de cambiar a la otra persona.

El matrimonio adolescente

También es importante entender que en ocasiones las diferencias son demasiado grandes. Si estas diferencias resultan imposibles de resolver querrá decir que él o ella no es la persona adecuada.

¿Qué tanto se conoce la pareja?

Jane y David habían trabajado juntos durante dos años en un programa después de la escuela. David admiraba y respetaba la manera como Jane trataba a los niños.

Ella sentía lo mismo por David. Él siempre llegaba puntual y estaba dispuesto a trabajar horas extras. Eso demostraba su dedicación y responsabilidad.

Compartir valores comunes

Jane y David comenzaron a salir y se dieron cuenta de que compartían ideas en temas como la educación, el trabajo, el sexo, las drogas, la familia y la religión. Jane y David descubrieron que tenían opiniones y valores similares en diferentes temas.

Compartir valores y opiniones es un aspecto muy importante en una relación. Al tener valores similares, es menos probable que Jane y David tengan problemas a causa de diferentes opiniones. Por ejemplo, ambos creen que dos es el número perfecto de hijos. Si en el futuro deciden casarse y tener familia, esto evitará problemas. Sería distinto si Jane no quisiera tener hijos y David deseara dos, entonces podría haber líos.

Encontrar a tu media naranja

Llegar a un arreglo

Compartir valores no significa que deberás encontrar a alguien que esté de acuerdo en todo contigo. Si una pareja no está de acuerdo en el número de hijos, esto no significa que no deben casarse. Cuando dos personas se quieren realmente, deberán llegar a un arreglo y establecer un compromiso. Al comprometerse, la pareja debe llegar a una decisión con la que ambos estén de acuerdo. No se trata de que uno logre lo que quiere y que el otro se sienta infeliz. Comprometerse significa que cada persona debe ceder un poco en su posición y encontrar un punto intermedio. Por ejemplo, si Jane no quisiera tener hijos y David quiere tener dos, pueden llegar a un acuerdo y tener sólo un hijo.

Amistad

Muchas parejas saben lo importante que es la amistad en un matrimonio. Con frecuencia los esposos comparten una muy buena amistad. Los dos primeros pasos hacia un matrimonio sólido son la amistad y el respeto. Jane y David eran buenos amigos desde antes de comenzar el noviazgo. Esto significa que podían comunicarse y ayudarse ante diferentes circunstancias. En una relación romántica las parejas enfrentan conflictos diferentes a los que existen en una relación de amigos, pero si la pareja es capaz de comunicarse, entonces tendrán más oportunidad de solucionar sus problemas. Su amistad los ayudará a solucionar futuros conflictos.

Respetar las amistades y la familia

Nuestra elección de amigos refleja quienes somos. Nos gusta estar con personas similares a nosotros, que hacen las mismas cosas y piensan de la misma manera. Nuestros amigos nos entienden y nos apoyan. Nuestros amigos son importantes.

Nuestra familia también es importante. Recurrimos a ella en busca de consejo y ayuda en momentos difíciles. Nuestra familia ha estado con nosotros toda la vida.

Contraer matrimonio no significa dejar a las amistades y a la familia. De hecho, es justamente lo contrario. Cuando decides casarte, también estás aceptando a sus amigos y familiares. La persona a la que amas necesita a su familia y amigos tanto como necesita de tu apoyo y cariño.

Confianza mutua

Uno de los más grandes temores en una relación puede ser el miedo a perder a la persona que amas, posiblemente en manos de alguien más. Si dejas crecer este temor podría convertirse en celos, y los celos pueden arruinar tu relación.

Es común tener la sensación de que debes proteger a tu pareja de otros que podrían arrebatártela. Pero no debes olvidar que tu pareja no es un objeto de tu propiedad. Él o ella eligen estar contigo y debes tener confianza en que su decisión es permanecer a tu lado.

Es importante tener confianza en ti mismo y saber que le importas lo suficiente a tu pareja como para no engañarte.

En las buenas y en las malas

El matrimonio es un compromiso con tu pareja. Un compromiso es una promesa que debes cumplir por mucho tiempo sin importar lo difícil que sea. Por eso debes pensar muy bien antes de establecer un compromiso con otra persona.

En el día de tu boda, tú prometes ayudar a tu pareja "en las buenas y en las malas". ¿Qué pasaría si las cosas son "malas"? ¿Si el dinero se convierte en un problema? ¿Si alguno de los dos se enferma por un largo periodo? ¿Estás seguro de que serás feliz con el tipo de vida que tendrás con tu pareja? Debes contestar con honestidad a preguntas como éstas antes de establecer este importante compromiso.

Capítulo 2
Tomar la decisión adecuada

Decidir casarse puede ser difícil a cualquier edad. Puedes sentir confusión o inseguridad, y aunque mucha gente puede aconsejarte, al final es una decisión que debes tomar con tu pareja. Puedes pensar que no estás preparado porque aún eres adolescente. Pero no te sientas mal, no eres el único.

Un vistazo a los números

- Existen más de 300,000 adolescentes casados
- Ocho de cada 100 adolescentes mujeres están casadas
- Dos de cada 100 adolescentes varones están casados

Tomar la decisión de casarse puede ser difícil a cualquier edad. Antes de tomar una decisión, tú y tu pareja deben pensar y discutir sobre lo que significa el matrimonio.

Aunque 300,000 matrimonios de adolescentes puede parecer un número muy elevado, actualmente sólo la mitad de los adolescentes contrae matrimonio, en relación con lo que sucedía antes de 1950. En aquel tiempo era normal casarse a una edad temprana. Actualmente contraer matrimonio a temprana edad es considerado con frecuencia un acto imprudente.

Hay muchos puntos que debes considerar antes de tomar la decisión de casarte. Es aconsejable hacer una lista de tus dudas y platicarlas con tu pareja. Aquí te ofrecemos algunas preguntas que pueden servirles como guía:

El matrimonio adolescente

- ¿Cómo lograrán el sustento económico?
- ¿Dónde vivirán?
- ¿Trabajará uno de ustedes o ambos?
- ¿Cómo se distribuirán los quehaceres domésticos?
- ¿Podrán finalizar la escuela?
- Si esperan un bebé, ¿cómo pagarán el hospital y el doctor? ¿Quién se hará cargo de él cuando nazca?
- Si no esperan un bebé y piensan tener hijos, ¿cuántos desean tener?
- ¿Tendrán tiempo para ustedes después del trabajo, la escuela y las tareas del hogar?

El consejo de los amigos

A veces resulta útil pedir ayuda a tus amigos. Ellos podrían ofrecerte un punto de vista que no has considerado, y aconsejarte sobre si debes o no casarte. Pero recuerda que a pesar de lo que otros digan, la decisión final siempre será tuya.

El consejo de tu familia

A pesar de que tu familia podría desear algo diferente para ti, puede ser de mucha utilidad pedirle consejo.

Tomar la decisión adecuada

La novia de Jack estaba embarazada, y ellos no estaban listos para casarse. "Yo no quería casarme y mi novia tampoco", dice Jack. "Sólo mi papá quería que nos casáramos, y aunque traté de explicarle que había otras opciones, todo lo que hacía era golpear la mesa y gritar 'Vas a casarte. Es la acción de un hombre honorable".

Nina le platicó a su mamá que Mario le había pedido que se casara con él. Su mamá estaba muy contenta. "Ella comenzó a hablar de ser abuela y de arreglar nuestra casa..." Pero Nina no quería escuchar esas cosas. Ahora que Mario le había propuesto matrimonio, ya no estaba segura de si quería casarse. Si tan sólo su madre dijera que no, que aún era muy joven. Eso sería más sencillo que decirle a Mario que no estaba lista para casarse con él.

¿Con quién puedes hablar?

Todos menos tú parecen saber lo qué debes hacer. Pero lo que realmente necesitas es que alguien te escuche con objetividad. ¿Pero quién? Bueno, hay gente especializada en estos problemas, y al final de este libro podrás encontrar información.

Los consejeros estudiantiles están capacitados para escuchar y entender a los adolescentes. Saben que los problemas de los jóvenes son diferentes de los de los adultos. Pueden ayudarte a poner en orden tus ideas.

El matrimonio adolescente

Además puedes hablar de tus problemas con un líder religioso, sea un cura o un rabino. Él te escuchará y tratará de ayudarte.

No te olvides de hablar con aquellos que saben mejor que nadie lo que estás viviendo: adultos que se casaron durante la adolescencia. ¿Cómo les fue con su matrimonio? ¿Qué pueden decir después de cinco o diez años? ¿Qué consejo pueden darte? La mayoría de estas personas estarán felices de hablar contigo y escuchar tus preocupaciones.

Soportar la presión

Cuando hayas hablado con estas personas, aún quedan dos con las que debes hablar: contigo mismo y con tu pareja. Ustedes deben tomar la decisión. Con frecuencia existe gran presión alrededor de las decisiones importantes. Si eres honesto contigo mismo no será difícil soportar la presión. Aún así, debes estar preparado a decir cosas como:

- **Mis amigos pueden pensar que estoy equivocado, pero es mi decisión. Debo aprender a elegir lo que es bueno o malo para mí.**

- **Quizás vea las cosas de diferente manera cuando crezca. Por ahora puedo no estar de acuerdo con lo que me dicen los**

Tomar la decisión adecuada

adultos. Pero trataré de escuchar con criterio para poder tomar la decisión adecuada.

- Tengo confianza en que tomaré la decisión adecuada. Debo ser honesto conmigo mismo y decidir lo que será mejor para mí.

Capítulo 3
Requisitos legales

Silvia e Iván han salido juntos desde que tenían catorce años de edad. Ahora ambos tienen dieciséis, y hablan sobre el matrimonio.

—Ya hemos hablado sobre el matrimonio —dijo Iván—. Te amo y quiero pasar el resto de mi vida contigo.

—Sabes que yo me siento de la misma manera —replicó Silvia. Pero qué pasará con los exámenes de sangre, la licencia nupcial y todas esas cosas. Ni siquiera sé si tenemos edad suficiente para casarnos.

—¿Cómo podemos averiguar todo eso? —preguntó Iván.

—No lo sé —contestó Silvia.

Los trámites para contraer matrimonio pueden resultar confusos. Consulta con los consejeros estudiantiles u otros adultos sobre estos procedimientos.

Para que un matrimonio sea reconocido por la ley, la pareja debe cumplir con ciertos requisitos antes de casarse.

Requisitos legales

Aunque la ley varía en cada Estado del país, los requisitos para casarse tienen ciertas generalidades. La pareja debe obtener una licencia por parte del Estado en el cual desean contraer matrimonio. Usualmente hay que pagar una cuota para obtener dicha licencia.

Muchos Estados requieren que la pareja se haga un examen sanguíneo antes de recibir la licencia de

La pareja debe cumplir con ciertos requisitos antes de casarse. Estos adolescentes reciben un paquete de información al solicitar su licencia de matrimonio.

matrimonio. El examen determinará si la pareja tiene alguna enfermedad de transmisión sexual. Algunos Estados no expiden la licencia nupcial si alguno de los contrayentes tiene una enfermedad de transmisión sexual de la cual el otro no tenía conocimiento.

Algunos Estados requieren que la pareja demuestre que ha recibido todas sus vacunas, e incluso ciertos Estados exigen un examen médico general.

La mayor parte de los Estados requieren de un periodo de uno a cinco días entre el día que se expide la licencia y el día de la ceremonia nupcial.

Requisitos legales

Requisitos de edad

Todos los Estados exigen que la pareja tenga cierta edad para contraer matrimonio. Aunque esto varía de uno a otro, la mayoría de los Estados requieren que la pareja tenga al menos 18 años cumplidos. Las parejas que no tengan la edad requerida necesitan contar con el permiso de sus padres para casarse. Incluso con el consentimiento de los padres, la mayoría de los Estados requieren que los adolescentes cumplan con una edad específica.

Así mismo, la mayoría de los Estados permiten matrimonios entre adolescentes menores de edad, aun sin consentimiento de los padres, en caso de existir un embarazo o del nacimiento del bebé. Un juez también puede autorizar matrimonios entre adolescentes menores de edad.

Como las leyes varían de Estado a Estado, es importante que consultes las leyes de tu localidad. Si contraes matrimonio sin cumplir los requisitos de tu Estado, la ley no reconocerá tu matrimonio.

Capítulo 4

De qué se trata el matrimonio

Cuando tienes una pelea con tu pareja es muy sencillo alejarte. Entonces puedes tranquilizarte en tu habitación o hablando con tu familia. Esta discusión puede hacerte pensar que ésta no es la persona ideal para ti.

Pero si estás casado no es tan sencillo alejarte y puede ser muy tarde como para reconsiderar tu decisión de estar con esta persona. Cuando tomas la decisión de casarte, lo que estás realizando es un compromiso para pasar juntos el resto de sus vidas, en las buenas y en las malas. Ahora no será posible dejar la relación tras una discusión. Tú y tu pareja tendrán que solucionar y superar los problemas. Terminar con tu matrimonio no es tan sencillo como acabar con una relación de noviazgo.

La idea del matrimonio es muy atractiva para algunos adolescentes.

¡Hábitos! ¡Manías! ¡Costumbres!

Todos tenemos hábitos que pueden irritar a otras personas. Pueden ser pequeñas cosas, como dejar platos sucios en el fregadero, dejar levantada la tapa del excusado o beber jugo directamente del cartón. Cuando compartes el espacio con otra persona, estas pequeñas cosas pueden convertirse en grandes problemas.

Sentir cariño por la otra persona puede hacer que valga la pena resolver estos problemas antes de que se conviertan en grandes conflictos. Pero se debe ser honesto, decir amablemente a tu pareja lo que te molesta, y admitir que tú también tienes malos hábitos.

El matrimonio adolescente

Es importante decidir cómo puede cambiar cada uno para hacerle más fácil la vida al otro.

Repartirse los quehaceres

De pronto mamá ya no estará ahí para preparar las más de mil comidas que se sirven anualmente en la mesa. Nadie coloca tu ropa limpia en tus cajones. ¿Dónde está papá cuando se tapa el lavabo o cuando hay que colocar las ventanas contra tormentas? Cuando estás casado, todos estos quehaceres les pertenecen a ti y a tu pareja.

Rick creía que lavar platos era un trabajo de mujeres. Pero en la familia de Mónica siempre se habían repartido esa tarea entre ella y sus hermanos. Mónica no podía entender por qué Rick no se ofrecía a ayudarla, y cuando se lo dijo, Rick se enojó con ella.

Cuando los dos estaban más tranquilos, Mónica y Rick hicieron una lista de los quehaceres y se los repartieron. Desde entonces las cosas marcharon mejor.

Matrimonio y soledad

Después de que nació su bebé, Jane se quedaba en casa todo el día. Cuando David regresaba del trabajo por la noche ella quería hablar ¡de lo que fuera! Pero David sólo quería ver televisión. Había estado hablando con gente todo el día, estaba cansado y quería estar solo.

Todos necesitamos tiempo para estar solos, y todos necesitamos tiempo con otras personas. Pero quizás tú

En ocasiones el matrimonio no es un remedio para la soledad.

y tu pareja necesiten estas cosas en diferentes momentos. En un matrimonio, como en cualquier otra relación, se deben respetar las necesidades de la otra persona. Debes aprender a encontrar un equilibrio entre "estar solo" y "estar juntos", para poder cumplir las necesidades de tu pareja.

El adecuado manejo del dinero requiere planeación y es muy importante en un matrimonio.

Buscar tiempo para estar con otros

Jane y David platicaron acerca de sus necesidades y decidieron realizar un plan. Algunas tardes, Jane saldría con el bebé, irían a ver a su mamá o a visitar a una de las amigas de Jane. De esa manera ella podría hablar con otras personas. Cuando David regresara del trabajo, la casa estaría en silencio. David podría tener tiempo para él antes de que Jane y el bebé regresaran.

Dedicar tiempo a visitar a la familia y a los amigos es una buena idea. Tú y tu pareja sabrán cuándo llegarán a casa, ninguno de los dos estará celoso y esperarán con ansia el tiempo que pasarán juntos.

De qué se trata el matrimonio

¿Es el matrimonio un trato del 50/50?

Dale y Ana se casaron durante la adolescencia y cerca de diez años más tarde continúan felizmente casados. Ana piensa que el matrimonio no es un trato del 50/50. "Tú no entregas sólo la mitad de tu ser en el matrimonio. Tú entregas el 100 por ciento, y lo mismo hace tu pareja. El matrimonio es el 100 por ciento de ambos".

Otros piensan que el matrimonio es más acerca de dar que de recibir. Tú das más de ti mismo y no lo haces para obtener algo a cambio. Lo haces porque amas a la otra persona y quieres que tu matrimonio funcione. Cualquiera que sea tu opinión debes recordar algo: en el matrimonio no se lleva un marcador. No dejas de dar de ti sólo porque la otra persona no parece estar aportando tanto como tú.

Capítulo 5
Salud, dinero y amor

El dinero puede convertirse en un serio problema en muchos matrimonios. ¿Quién pagará ciertos gastos? ¿Deben pagar juntos por todo o dividir los gastos en dos? ¿Tienen suficiente dinero para pagar la renta y comprar comida? En muchos matrimonios de adolescentes el dinero puede ser un conflicto aún más grande.

- **Muchos adolescentes casados dejan la escuela.** Es muy difícil encontrar un buen trabajo con una buena compensación económica si sólo se cuenta con un diploma de secundaria.
- **Los adolescentes no han tenido tiempo para aprender habilidades de trabajo.** Una de las primeras cosas que piden los patrones es experiencia.

Salud, dinero y amor

¿Has realizado antes este trabajo? ¿Puedes manejar cierta clase de maquinaria? Los adolescentes que dejan los estudios en secundaria, e incluso aquellos que se han graduado, no han tenido tiempo de aprender las habilidades que se requieren para muchos trabajos.

- **Dos personas gastan más que una.** Cuando eres soltero eres el único que gasta tu dinero. Cuando contraes matrimonio, son dos los que gastan. Con frecuencia, no se cuenta con el doble de dinero para gastar.

¿Quién trabajará?

La mamá de Tobías nunca ha trabajado fuera de su hogar. Tobías quería que su matrimonio fuera de la misma manera, pero tenía problemas para pagar las facturas él solo. El hecho de no poder mantener a su familia lo hizo sentir fracasado.

Manuel no se sentía de ésa manera. Para él, estaba bien que Lisa trabajara. Pero Lisa nunca había trabajado en su vida. Ella quería ser ama de casa.

No importa con cuál de estas dos historias te identifiques. Siempre debes recordar que es muy difícil mantener a dos personas con un sueldo mínimo (la tarifa de salario más baja autorizada por la ley). Si sólo uno de ustedes trabaja, el otro tendrá que ganar suficiente dinero para mantenerlos a ambos. Conseguir un trabajo que pague esa cantidad de dinero puede resultar complicado. Debes tener experiencia, educación o ciertas habilidades, e incluso para algunos trabajos debes contar con las tres. Si los dos trabajan, uno de ustedes no tendrá que depender completamente de la otra persona.

¿Cómo llegas al final del mes?

El dinero es una de las principales razones por las que discuten los matrimonios.

"Él nunca ahorra". Ése es un lado de la historia.

"Nunca hay dinero extra para poner en la cuenta de ahorros". Ése es el otro lado de la historia.

Puede ser difícil llegar al final del mes, pero hay una forma de hacerlo:

- **Realiza un presupuesto.** Has una lista con tus gastos mensuales, para que sepas cuánto dinero se necesita para cubrirlos. Cuando recibas tu sueldo, separa esa cantidad de dinero. Utilízalo únicamente para pagar esas cuentas.
- **Decide quién pagará las cuentas.** ¿Quién de los dos es mejor con el dinero? Quienquiera que sea, esa es la persona que debe encargarse de pagar las cuentas, aunque ambos deben saber cómo hacerlo.
- **¿Qué harán con el dinero extra?** Después de pagar los gastos fijos (gastos de comida, transporte,

renta, objetos personales y entretenimiento) ¿cómo utilizarás el dinero sobrante? ¿Lo meterás en una cuenta de ahorro? ¿Comprarás algo para la casa? Decidirlo antes de recibir el dinero evita con frecuencia muchas discusiones.

- **¿Qué harán si no les alcanza el dinero?** Nuevamente, decidir con anticipación lo qué harán en una situación como ésta evitará discusiones. ¿Pedirás prestado a tus padres? ¿Solicitarás asistencia social? ¿Conseguirá uno de ustedes otro trabajo? Si tienen un plan no tendrán que preguntarse qué hacer ni discutir al respecto.

¿Dónde vivirán?

Muchas parejas de adolescentes se encuentran con que el lugar que pueden pagar para vivir no es lo que tenían en mente. Puede ser un lugar sucio o muy pequeño. Puede encontrarse en un barrio inseguro y estar alejado de la familia, de los amigos y del trabajo. Decidir dónde vivir es muy importante porque puede afectar mucho tu matrimonio durante el primer año.

Capítulo 6
Un bebé trae cambios

Samuel y Brenda habían planeado casarse al terminar secundaria. Pero todo cambió cuando Brenda se embarazó.

De pronto ya estaban casados, pero no era como lo esperaban. Después de ir a la escuela durante el día y trabajar por la noche, Samuel siempre estaba cansado y de mal humor. Brenda sentía los malestares del embarazo y estaba preocupada por la situación económica. Muy pronto se comenzó a sentir frustrada con cualquier cosa.

Finalmente decidieron pedir a una trabajadora social que les ayudara con sus problemas. La trabajadora social les ayudó a hacer un plan para el bebé, los aconsejó acerca de cómo pagar las deudas y cómo convivir.

Con la llegada de un bebé, un matrimonio se convierte en una familia.

El matrimonio adolescente

En 1993 nacieron en los Estados Unidos más de medio millón de bebés de madres adolescentes. Más de 200,000 de esos bebés pertenecían a madres menores de 18 años de edad. Muchos de estos nacimientos no habían sido planeados.

En este capítulo hablaremos sobre la forma como un embarazo no planeado puede afectar a una pareja de adolescentes. Además revisaremos las opciones con las que cuentan los adolescentes que tienen un embarazo no planeado.

El embarazo trae grandes cambios

Los adolescentes que se enfrentan a un embarazo no planeado deben tomar decisiones muy difíciles sobre su futuro. El embarazo producirá preocupación, tanto en la madre como en el padre.

Cuando se elige el matrimonio

Algunas parejas eligen casarse a raíz del embarazo. Contraer matrimonio y tener un bebé son dos pasos enormes en la vida de cualquiera y producen grandes cambios. Los adolescentes deben prepararse a ajustar su vida. Tendrán que preocuparse de diferentes asuntos relacionados con su futuro y el futuro del bebé. ¿Dónde vivirán? ¿Podrán continuar en la escuela? ¿Podrán cubrir los gastos del bebé? ¿Quién se hará cargo del bebé? ¿Cómo afectará sus vidas?

Un bebé trae cambios

¿Cómo afecta un bebé el matrimonio?

Aunque la pareja ya se encuentre casada, un embarazo no planeado puede causarles problemas. Un bebé trae cambios drásticos en sus vidas y en su matrimonio. Algunas parejas que han estado felizmente casadas y disfrutando de su independencia tendrán que enfrentarse a los cambios que el bebé traerá en sus vidas. Sus decisiones de la vida diaria, su dinero y su futuro girarán alrededor del bebé. Las parejas tienen que planear con anticipación para enfrentarse a estos cambios.

Otras opciones

El matrimonio no es la única opción con la que cuentan las parejas que esperan un hijo. Algunas parejas deciden vivir juntos antes de casarse, para ver cómo funcionan las cosas. Otros deciden no estar juntos y se convierten en padres solteros, es decir, uno de los dos decide criar al hijo por su cuenta. Estos adolescentes pueden encontrar ayuda en su familia cercana o amistades. En esta situación, quien no cría al hijo está obligado por ley a colaborar económicamente.

Compartiendo responsabilidades

Tanto el padre como la madre, sean solteros, casados o divorciados, deben atender económicamente a su hijo.

El matrimonio adolescente

Este apoyo suele durar hasta que el hijo alcanza la edad adulta.

En algunos casos el hombre puede negar ser el padre del bebé. Cuando esto sucede, la madre puede establecer una demanda para lograr el apoyo financiero. Si se comprueba que el hombre es el padre del bebé, la corte lo obligará a pagar el sustento. En algunos casos la corte puede obligarlo a pagar las facturas médicas y el hospital.

Si el padre se niega a pagar, la corte puede tomar parte de su salario y decomisar sus propiedades o cuentas bancarias. Se han dado casos en los que el padre ha sido enviado a prisión por negarse a pagar el sustento de su hijo.

Aborto y adopción

Otras alternativas son el aborto y la adopción. Una pareja que elige dar a su hijo en adopción renuncia a sus derechos como padres de este bebé. Al elegir la adopción, la pareja decide ceder sus derechos sobre el niño a una agencia u otra pareja que se hará cargo de él.

El aborto es un procedimiento médico que detiene el embarazo en sus etapas tempranas. Es una decisión muy delicada y deberás pensar cuidadosamente si ésta es la opción adecuada para ti.

¿Cómo tomar la decisión adecuada? Recuerda: la única decisión errónea es aquella que tomas apresuradamente y sin considerar todas las posibilidades. Es

Un bebé trae cambios

difícil tomar una decisión de esta naturaleza, por eso debes pensarlo detenidamente y ser honesto contigo mismo.

¡Es tu bebé!

Los bebés traen amor al hogar. Pero los bebés tienen muchas necesidades. Requieren de amor y cuidado constante. Dependen en todo de sus padres.

Ser un padre responsable significa poner primero las necesidades del bebé y encontrar tiempo para tu pareja. Si no lo haces, tu matrimonio sufrirá las consecuencias. Además debes encontrar tiempo para ti mismo. De no hacerlo, comenzarás a tener resentimientos contra tu hijo y tu pareja.

Capítulo 7
¿Y si tu matrimonio no funciona?

La mayoría de nosotros deseamos que nuestro matrimonio dure por siempre. Pero actualmente, cerca de la mitad de los matrimonios terminan en divorcio. Entre adolescentes, el índice es aún mayor y sólo cuatro de cada diez matrimonios de adolescentes tiene éxito.

Una chica que se casa a los diecisiete años tiene el doble de posibilidades de divorciarse que una que se case a los dieciocho o diecinueve. Si una mujer espera hasta cumplir veinticinco años, tiene cuatro veces más posibilidades de que su matrimonio funcione.

¿Por qué fracasa un matrimonio?

"En nuestro caso fueron los pequeños detalles", dice Jim. "Discutíamos sobre cosas como quién le pondría gasolina al carro. Cada vez que peleábamos Julia se iba

Los matrimonios pueden sufrir mucho si no se cumplen las expectativas.

El matrimonio adolescente

de casa. Hasta que una noche no regresó. Entonces supe que nuestro matrimonio estaba en problemas".

Con Carlos y Rita el problema fue lo que no se decían. "Simplemente cada día hablábamos menos entre nosotros. Luego comenzamos a pasar más tiempo con otras personas. Muy pronto, simplemente ya no nos importaba demasiado. Debimos haber salido juntos más tiempo. Quizás nunca nos hubiésemos casado".

¿Cómo manejar los problemas?

Sara sabía que Pedro era celoso. Pero no supo qué tanto hasta después de casados. "Al principio simplemente explotaba cuando me veía hablando con otro hombre. Pero luego me golpeó. Yo trataba de ocultarlo y no salía de casa al día siguiente. Finalmente fui a un refugio para mujeres. Fue la mejor decisión que jamás he tomado. Han pasado tres años y hemos visto a muchos consejeros. Pedro y yo estamos juntos de nuevo y ya no me golpea. Creo que en esta ocasión sí va a funcionar".

Pero en muchas ocasiones no funciona. Esther y Óscar habían estado casados por seis meses cuando él sintió que había un problema. "Cada día llegaba más y más tarde del trabajo. Simplemente supe que estaba viendo a alguien más. Finalmente todo salió a la luz", dice Óscar. "Decidimos darnos otra oportunidad antes de separarnos. Pero un mes más tarde, ella no llegó a dormir una noche. Era demasiado para mí. Entonces me fui. Quizás estaba equivocado, pero no creo que ella fuera a cambiar".

Se dice que el tiempo cura todas las heridas, y aunque esto no siempre es verdad, a veces vale la pena intentarlo. En ocasiones esperar un poco puede salvar tu matrimonio. Intenta decirle a tu compañero o compañera: "No nos separemos mientras estemos enojados. Quedémonos juntos un poco más mientras intentamos que esto funcione". Dale tiempo a tu pareja y a ti mismo, y al final de ese periodo, la respuesta será mucho más clara.

¿Es el divorcio la única posibilidad?

El divorcio es muy doloroso para ambos. Con frecuencia es también muy doloroso para los amigos y la familia. Generalmente los que resultan más afectados son los hijos.

Obtener una separación legal es otra opción. Cuando estás separado no vives con tu pareja, pero aún continúan casados. Pasar un tiempo alejados el uno del otro puede ser una buena idea. Puede ayudarte a decidir qué es lo que realmente quieres hacer.

La anulación es otra posibilidad legal para terminar un matrimonio. Pero debe realizarse al poco tiempo de que se realice el casamiento. Cuando una pareja se da cuenta rápidamente de que han cometido un error, cuando no tienen hijos y aún no han comprado cosas juntos, un divorcio no es necesario, y la anulación será suficiente.

¿Dónde obtener ayuda?

Si estás considerando el divorcio, probablemente te sientas muy solo. Hablar acerca de tus problemas te podría ayudar a solucionarlos. Pero posiblemente no podrás hablar con tu pareja, tus padres están tan molestos que tampoco puedes hablar con ellos y tu mejor amigo no sabe cómo ayudarte.

¿Con quién más puedes hablar? Un consejero matrimonial es una persona capacitada para escuchar y ayudar a parejas con problemas. Con frecuencia un consejero matrimonial puede ayudarte a ver las cosas con claridad. El consejero puede darte consejos para arreglar tu matrimonio. Él no te dirá qué debes hacer, pero puede ayudarte a tomar una decisión.

Capítulo 8
A favor del matrimonio adolescente

En la actualidad, veinte de cada 100 mujeres que contraen matrimonio por primera vez son adolescentes. De cada 100 hombres que se casan, ocho son adolescentes. Pero hace muchos años era muy común que la gente se casara siendo muy joven. Las personas se casaban jóvenes, y los matrimonios duraban. Los divorcios no eran frecuentes.

En nuestros días las cosas son muy diferentes. Viajamos y nos mudamos con frecuencia, un mayor número de mujeres trabaja fuera del hogar y hay mayores oportunidades para todos. Por eso es más difícil hacer que funcione un matrimonio, especialmente durante la adolescencia. Pero eso no significa que no pueda lograrse. Dos personas que se quieren y respetan pueden resolver juntas sus problemas.

Hacer que funcione

José tenía dieciséis años. Emily diecisiete y estaba embarazada. "Todos, me refiero a todos, nos dijeron que no nos casáramos. Decían que éramos muy jóvenes y que nunca funcionaría. Pero nos amábamos y pensamos que podía funcionar. Tuvimos nuestro hijo, y después de un año seguíamos juntos. Entonces se convirtió en un reto. Queríamos vencer los pronósticos y lo hemos logrado. No ha sido fácil, pero en cualquier matrimonio tienes que esforzarte para que funcione. No importa cuántos años tengas".

Algunos matrimonios de adolescentes pueden funcionar

La mayoría de los jóvenes de dieciséis o diecisiete años no saben qué quieren en la vida. ¿Qué o quién los hará felices durante los próximos setenta años? A los diecisiete o dieciocho, la mayoría de los adolescentes están listos para iniciar una vida por sí mismos. Pero el hecho de que estén listos para dejar su hogar, no significa necesariamente que estén listos para elegir a un compañero para el resto de su vida.

La mayoría de los adolescentes no están listos para el matrimonio. Pero quizás tú seas diferente. Quizás estés muy seguro de lo que quieres llegar a ser o lo que quieres en tu vida. Quizás tus objetivos no cambiarán y

Estar casado y formar parte de una familia amorosa es importante para tener un sentimiento de bienestar.

estés preparado para solucionar problemas como un adulto. Algunos adolescentes lo están, y pueden hacer funcionar su matrimonio. ¿Eres realmente uno de esos escasos adolescentes? ¿O simplemente crees ser uno de ellos?

La única forma de saberlo es siendo completamente honesto. Pregúntate si estás seguro de que eso es lo que querrás de aquí a veinticinco años. ¿Tienes la voluntad para hacer un mayor esfuerzo que la mayoría de las personas a fin de hacer funcionar tu matrimonio? Recuerda, si no estás seguro, posiblemente no estés preparado.

El matrimonio adolescente

Estar preparado para el cambio

Tú verás la vida de una forma distinta a los cuarenta o cincuenta años. Tendrás más experiencias y conocerás a más personas. Todo esto modificará tu forma de pensar y debes estar preparado para estos cambios. Si estás realmente preparado, entonces tu matrimonio podrá funcionar.

Una pequeña brecha generacional

"Cuando yo tenía tu edad las cosas eran distintas".

¿Cuántas veces has escuchado esto? Una generación es un periodo de tiempo de aproximadamente treinta años. Es la diferencia de edad entre padres e hijos. Pero el mundo puede cambiar mucho en treinta años y para los padres es difícil recordar con claridad su propia niñez. Esto puede provocar problemas entre padres e hijos.

Pero las parejas que se casan jóvenes y tienen hijos aún siendo jóvenes pueden disminuir esta brecha generacional. Cuando sólo existen dieciocho años de diferencia entre padres e hijos, la vida no habrá cambiado tanto. No existirán tantas diferencias entre tu niñez y la de tu propio hijo. Una menor diferencia de edades puede provocar una relación más cercana entre ustedes. Además como adolescente es probable que tengas más energía para dar a tu hijo que si esperas a tener hijos cuando seas mayor.

Capítulo 9
En contra del matrimonio adolescente

Susan se casó con Mike cuando ella tenía dieciséis años y él diecisiete. Actualmente están divorciados. Si Susan pudiera darle un sólo consejo a los adolescentes que piensan casarse, éste sería: "¡NO LO HAGAN! Si realmente se quieren, valdrá la pena esperar. Ya habrá mucho tiempo para casarse y si realmente estás contento contigo mismo podrás ofrecerle mucho más a tu matrimonio. Así tendrá más posibilidades de salir adelante".

¿Por qué esperar?

¿Tienes los mismos amigos hoy que cuando ibas en primer grado? A los veinticinco años probablemente no tendrás a muchos de los amigos que tienes a los dieciséis.

El matrimonio trae consigo muchas presiones, tales como ganar dinero y cuidar del hogar.

Los lugares y las personas que conoces, y las cosas que te gusta hacer hoy, cambiarán mucho en esos años.

Una chica de dieciséis años de edad reducirá a la mitad sus posibilidades de divorcio con tan solo esperar uno o dos años para casarse. Entre tus años de adolescencia y hasta mediados de los veinte sufrirás drásticos cambios. Además tus amigos van a cambiar. La persona con la que quieres casarte a los dieciséis años podría ser muy diferente a la persona con la que querrás estar a los veinticinco.

En contra del matrimonio adolescente

Chica joven, chico mayor

A Alex le gustaba tener una novia a la que pudiera proteger. Él tenía veintidós y vivía por su cuenta. Leonor tenía diecisiete, era insegura y temerosa. Alex se ocupó de todo en su vida.

Dos años más tarde Leonor obtuvo su diploma de secundaria y un buen trabajo. Se sentía mejor consigo misma y ya no era tan insegura. Su vida había cambiado y ya no necesitaba de la protección de Alex. Se separaron y muy pronto estaban divorciados. Este tipo de cosas pueden pasar cuando tú o tu pareja no tienen tiempo para crecer antes de casarse.

¿Qué sucede con la escuela?

Pat, quien se casó a los diecisiete, dice que el matrimonio adolescente no debería de llevarse al cabo a menos que los dos sigan en la escuela. "Todas las personas que conozco que hicieron funcionar su matrimonio de adolescentes terminaron sus estudios".

En un estudio realizado por la maestra y escritora Jean Warren Lindsay, la mayoría de los adolescentes dijeron que no dejaría la escuela si se casaran. Pero en los Estados Unidos, casi cuatro de cada cinco adolescentes que contraen matrimonio, de hecho abandonan sus estudios.

El matrimonio adolescente

No pierdas la libertad de tu adolescencia

Tu vida entre los dieciocho y los veinticinco años puede ser extraordinaria. Puede ser emocionante y llena de diversión. Terminarás la escuela, comenzarás a vivir por tu cuenta, conseguirás un trabajo y empezaras a ganar tu propio dinero. Eres joven y gozas de buena salud. Puedes viajar y no debes cuidar de nadie más que de ti mismo. Más adelante podrías decir: "¡qué bueno que hice todas esas cosas mientras tuve oportunidad!". Lo más probable es que nunca más vuelvas a gozar de tanta libertad.

¿Vale la pena el riesgo?

Como adolescente las circunstancias están en tu contra.

- **A tu familia le podría molestar que quieras casarte. Tu decisión podría modificar, o incluso acabar, tu relación familiar. ¿Vale la pena el riesgo?**

- **Las posibilidades de divorcio son mayores entre adolescentes. Incluso si después vuelves a casarte, el primer divorcio puede dejar cicatrices por mucho tiempo. ¿Vale la pena correr ese riesgo?**

En contra del matrimonio adolescente

- **¿Y qué hay de los hijos? ¿Realmente estás preparado para conducir a un hijo por la vida? El hecho de que tu hijo llegue a ser un adulto feliz y adaptado depende mucho de ti. ¿Estás listo para aceptar esa responsabilidad?**

Sólo tú puedes decidirlo. Pero debes pensar detenidamente tu decisión. Habla con consejeros y otros adultos que te escucharán sin prejuicios. Habla con tu pareja. ¡Confía en ti mismo! ¡Tú puedes tomar la decisión adecuada!

Capítulo 10
Tus decisiones y tu futuro

*J*uan y Naomi sólo habían salido juntos en algunas ocasiones. Aun así todo mundo pensaba en ellos como pareja. Los amigos comenzaron a preguntarles que cuándo se casarían. ¿Cómo podrían estar listos para el matrimonio si apenas se conocían el uno al otro?

Joe y Ana tuvieron el problema contrario. Creían estar listos para casarse, pero nadie más compartía su opinión. Sus mejores amigos y sus familias creían que era muy pronto y que eran muy jóvenes. Pero Joe y Ana habían pensado la situación cuidadosamente y habían discutido todos los temas que creyeron necesarios. Joe y Ana estaban seguros y se sentían preparados.

Finalmente, sólo la pareja puede decidir si el matrimonio es la decisión adecuada.

¿Cómo puedo saber si algo es para siempre?

Cuando contraes matrimonio, haces el juramento de permanecer con tu pareja de por vida. Aunque tomar la decisión de casarte sea un gran paso, nadie debe tomar la decisión por ti. Debes tener confianza de que estás tomando la decisión correcta.

Debes pensarlo con tiempo. Pide consejo y ayuda a tus padres y amigos. Piensa en los cambios que traerá tu decisión, y si podrás soportar esos cambios.

Tomar la decisión adecuada no significa que nunca tendrás problemas. Tú y tu pareja irán cambiando y madurarán. También podrían cambiar sus apariencias o sus personalidades. Los cambios son normales, pero pueden afectar tu matrimonio y provocar conflictos. Debes prever estos problemas y pensar si serás capaz de resolverlos.

¿Tomé la decisión adecuada?

La decisión de casarse es posiblemente una de las más difíciles de tomar en la vida de una persona, y posiblemente dudarás si has tomado la decisión adecuada. La mejor manera de estar seguro es analizando las razones para contraer matrimonio.

- ¿Se quieren tú y tu pareja?
- ¿Su relación tiene una base sólida?
- ¿Serán capaces de resolver juntos los problemas?
- ¿Están de acuerdo en temas importantes y respetan las opiniones del otro?

Viviendo juntos

Ángel tenía dieciocho años y tenía un trabajo de tiempo completo. María tenía diecisiete y cursaba el último año de secundaria. Habían salido por un tiempo y querían casarse. Pero no estaban seguros de cómo se llevarían una vez

Tus decisiones y tu futuro

que compartieran el mismo espacio y vivieran juntos día y noche. Ninguno de los dos había vivido fuera de casa y no querían apresurar las cosas. Tras pensarlo muy bien, decidieron ir a vivir juntos como una especie de "entrenamiento para el matrimonio".

Actualmente muchas parejas deciden vivir juntos antes de casarse. Estas parejas quizás no se sientan preparadas para contraer matrimonio y no quieren hacer algo de lo cual puedan arrepentirse más tarde. Al vivir juntos, los dos aprenderán a resolver los problemas de la vida diaria. Esto les dará la oportunidad de madurar y aprender a manejar las cosas por sí mismos. Esto ayudará a la pareja a vencer los retos que podría traer el matrimonio.

Pero no todo el mundo, incluidos muchos adolescentes, está de acuerdo con esta idea. Estas personas sienten que si dos personas realmente se quieren, no debería haber ninguna duda sobre si el matrimonio funcionará o no.

Aun así, vivir juntos es una decisión que involucra a dos personas. Si una de ellas está en contra, entonces no es la opción adecuada. Una pésima manera de comenzar una relación es obligando a tu pareja a hacer algo con lo que no está de acuerdo.

El matrimonio adolescente

Darle tiempo al tiempo

El matrimonio es un gran paso para cualquiera, tanto para los adultos como para los adolescentes. No tomes a la ligera una decisión que afectará el resto de tu vida. Si no te sientes preparado para tomar la decisión, no permitas que nadie te presione. Recuerda, sólo porque le dices que no a tu pareja cuando tienes diecisiete años no significa que dirás que no a los veinticuatro. Las posibilidades de que tu matrimonio funcione aumentan conforme vas creciendo. El matrimonio no debe ser algo de "ahora o nunca". Bien podría ser "después".

El matrimonio es como cualquier otra relación. Necesita de mucho trabajo y esfuerzo para que funcione. Requiere voluntad de parte de ambos para apoyarse, respetar las necesidades y deseos de la otra persona y llegar a un acuerdo cuando surjan problemas. Estos son sólo algunos de los principios que pueden hacer exitoso a un matrimonio. Un matrimonio exitoso puede traer una gran alegría y un sentido de realización a cualquier pareja.

Glosario

aborto Procedimiento médico que detiene el embarazo en una etapa temprana.

adopción Proceso en el cual los padres de un bebé ceden sus derechos a una agencia u otra pareja para que puedan criar al hijo como propio.

celos Temor a perder a la persona amada u amistad en manos de otra persona.

comprometerse Llegar a un acuerdo por el cual ambas partes ceden un poco acerca de sus deseos u opiniones.

divorcio Terminación legal del matrimonio.

juramento Una promesa.

maduro Que ha crecido y actúa y piensa como adulto.

resentimiento Sentirse enojado o amargado.

responsable Ser digno de confianza.

El matrimonio adolescente

sueldo mínimo El menor salario posible autorizado por el gobierno como retribución a un trabajo.
tensión Estrés, presión, nerviosismo.
trabajador social Persona capacitada para ayudar a personas que quieren mejorar su forma de vida.
valores Ideales, criterios, formas de comportamiento que son importantes para una persona.

Dónde obtener ayuda

Puedes buscar ayuda o información sobre el matrimonio de adolescentes con las siguientes personas: Adultos que se casaron durante la adolescencia, líderes religiosos, consejeros estudiantiles, trabajadores sociales

Además puedes establecer contacto con las siguientes organizaciones:

Advocates for Youth
Defensores de la Juventud
1025 Vermont Avenue NW, Suite 200
Washington, DC 20005
(202) 347-5700

Planned Parenthood Federation of America
Federación Norteamericana de Planeación Familiar
810 Seventh Avenue
New York, NY 10019
(212) 541-7800
e-mail: communication@ppfa.org
http://www.ppfa.org

Sugerencias de lectura

En español:

Ayer, Eleanor H. *Todo lo que necesitas saber sobre la paternidad adolescente.* New York: The Rosen Publishing Group, Inc., Editorial Buenas Letras, 2003.

En inglés:

Berlfein, Judy. *Teen Pregnancy.* San Diego, CA: Lucent Books, 1992.

Bode, Janet. *Kids Having Kids: People Talk About Teen Pregnancy.* New York: Franklin Watts, 1992.

Hughes, Tracey. *Everything You Need to Know About Teen Pregnancy.* New York: The Rosen Publishing Group, Inc, Rev. ed. 1997.

Lindsay, Jeanne. *Teenage Couples: Caring, Commitment & Change: How to Build a Relationship That Lasts.* Buena Park, CA: Morning Glory Press, 1996.

Índice

A
aborto, 38
abuso, 42
aceptación de los defectos, 9
amigos y amistad, 11, 12, 16
anulación del matrimonio, 43

B
bebés, 22
brecha generacional, 48

C
celos, 12, 26, 42
compromiso, 11, 13, 23
confianza, 12–13
consejeros, 17, 42, 44, 53
consejo, recibir, 16–18

D
divorcio, 41, 43–44, 52–53

E
edad, problemas, 14, 21–22, 49–51
embarazo, 36
    y matrimonio, 36–37
    y otras opciones, 37

empleo, 30–31
enfermedades de transmisión
    sexual, 21
escuela
    abandonar la, 30, 52
    quedarse en, 51–52

F
familia, 12, 16–17

H
hábitos, irritarse con 23–25
hijos, 52–53
hogar, elegir un, 33

L
libertad, 52

M
matrimonio
    adolescente, estadísticas, 14,
        41, 45
    y consentimiento familiar, 21–22
    dinero, 30, 31
    efectos en los bebés, 36–37
    esperar antes de, 49–51

haciéndolo funcionar, 45–47
licencias para, 21
por qué podría fracasar, 41–42
preguntas a considerar, 16, 56–57
razones para el, 6
responsabilidades en, 6–7
riesgos, 52

P
padres adolescentes
　compartir responsabilidades, 37–38
　elegir el matrimonio, 36
　estadísticas, 34–36
padres solteros, 37
pareja perfecta, 9

presiones, 18
presupuesto, 32

Q
quehaceres, compartir, 25

S
separación legal, 43
soledad, 26, 43

T
tomar decisiones, 14, 56–57

V
valores comunes, 10
vivir juntos, 37, 57–58

Acerca del autor
Eleanor Ayer es autora de diversos libros infantiles y para jóvenes adultos. Posee un posgrado de la Universidad de Syracuse con especialidad en periodismo literario.

Créditos fotográficos
Cover © Corbis; pp. 2, 9, 15, 21, 25, 27, 28, 41, 47, 50, 55 © IndexStock; p. 22 © AP/World Wide Photos; p. 35 © Ira Fox.

Diseño
Nelson Sá